AF369589

OBSÈQUES

DE

MADEMOISELLE DOMINGE

DIRECTRICE DE L'ÉCOLE NORMALE D'INSTITUTRICES

DE MONTPELLIER

Les obsèques de Mademoiselle Dominge, Directrice de l'École normale d'institutrices de Montpellier, qui ont eu lieu le jeudi, 10 février, ont été l'occasion d'une touchante manifestation. Malgré un froid excessif, les nombreux amis que l'Instruction compte à Montpellier avaient tenu à témoigner publiquement leur estime et leur sympathie pour les rares qualités de Mademoiselle Dominge, leur reconnaissance pour les éminents services qu'elle rendait depuis plus de trois ans à l'Enseignement public de l'Hérault.

M. Chancel, Recteur, et M. Régismanset, Inspecteur d'Académie, conduisaient le frère aîné de la défunte; M. Dauriac, Professeur de philosophie à la Faculté des Lettres, et M. le Docteur Jacquemet, marchaient à côté de son plus jeune frère; MM. Galzin, Directeur de l'École Normale d'Instituteurs, Sales et Bonhoure, Inspecteurs primaires à Montpellier, Saumade, commis d'Académie, accompagnaient la sœur et la nièce de Mademoiselle Dominge.

On voyait en tête du cortège M. Félix Cassagneau, Secrétaire Général, représentant le Préfet de l'Hérault, avec M. Meunier, Chef de Cabinet, M. Laissac, Maire de Montpellier, la Commission de surveillance des Écoles Normales; ensuite les représentants des Facultés, des professeurs du Lycée de garçons et les maîtresses du Lycée de jeunes filles avec leur Directrice, attestant par leur présence la fraternelle solidarité qui unit les trois ordres d'enseignement, les fonctionnaires de l'Inspection, les professeurs et les élèves-maîtres de l'École Normale d'Instituteurs et le personnel des Écoles de la ville.

De nombreux draps d'honneur, suivis de couronnes, étaient tenus par les élèves des écoles annexes, les demoiselles du faubourg Boutonnet, les Institutrices publiques de la ville, les élèves-maîtresses de troisième année, les professeurs du Lycée de jeunes filles, les Directrices d'École Normale de Nîmes, de Carcassonne, d'Avignon, les maîtresses de l'École Normale de Montpellier et quelques maîtresses des Écoles Normales des départements voisins. Parmi les couronnes nous avons surtout remarqué celle de Fontenay-aux-Roses, touchant souvenir de la grande école dont Mademoiselle Dominge avait si bien entretenu parmi nous les libérales traditions.

Sur la tombe, l'Inspecteur d'Académie, dans le discours suivant, a mis en relief la valeur pédagogique de Mademoiselle Dominge et son attachement pour l'école qu'elle dirigeait avec tant de succès :

« Vous qu'une sincère affliction rassemble autour de cette tombe si brusquement ouverte, vous me pardonnerez de prolonger ce douloureux moment et d'entretenir vos regrets en vous parlant, au nom de l'Administration, de tout ce que nous estimions, de tout ce que nous aimions en Mademoiselle Dominge ; c'est un hommage pieux, c'est une justice qu'elle est en droit d'attendre des chefs qui l'ont vue à l'œuvre et qui savent le bien qu'elle a fait.

» Prendre des jeunes filles, presque des enfants, sur les bancs de l'école primaire, et au bout de trois ans rendre à la société des femmes instruites, sages et fortes, telle fut la noble et patriotique mais bien difficile mission échue à Mademoiselle Dominge avec le titre de Directrice d'École Normale ; son mérite la lui imposait, son cœur de vaillante Française dut l'accepter avec joie, son talent et son dévouement lui assurèrent le succès.

» Le nombre des brevets obtenus depuis trois ans par nos élèves-maîtresses dit assez ce que valait l'enseignement à l'École Normale de Montpellier, sous la direction de Mademoiselle Dominge ; elle arrivait à ce brillant résultat par d'habiles combinaisons dans l'emploi du temps, qui variaient heureusement la journée, facilitaient la préparation des cours et semblaient alléger le programme ; par une répartition des matières de l'enseignement appropriée aux goûts et aux aptitudes de chaque maîtresse ; par une surveillance assidue, qui lui permettait de distinguer les moindres défaillances et d'intervenir à temps pour relever où soutenir quiconque avait besoin d'encouragement. Elle était vraiment l'âme de cette maison, qu'elle réchauffait de son activité, où elle entretenait sans relâche l'ordre et le travail, gages certains du progrès. De là ces succès constants aux examens du brevet supérieur, succès qui ont valu tout récemment à notre École Normale d'Institutrices les félicitations de Monsieur le Ministre.

» C'était beaucoup sans doute, et Mademoiselle Dominge se montrait heureuse, plus encore pour les autres que pour elle-même, de succès auxquels elle avait la plus grande part ; mais pour cet esprit élevé c'était la moindre partie de la tâche. Mademoiselle Dominge fut avant tout une éducatrice ; dans l'étude du programme elle voyait moins la préparation d'un diplôme qu'une matière à exercer le jugement, à fortifier le cœur, à élever l'âme ; son œil, attentif comme celui d'une mère, mais mieux en garde contre les surprises, avait bientôt reconnu les tendances d'une élève, et presque toujours, après l'entrée à l'école, l'événement confirmait le jugement qu'elle avait porté sur les aspirantes pendant la rapide période du concours d'admission. Régler et utiliser dans l'intérêt de l'éducation nationale l'énergie de ces tendances, tourner au bien l'ardeur naissante de la jeunesse, inspirer aux futures institutrices un sentiment profond de la discipline, envoyer dans les écoles du département non des brevets mais de vraies maîtresses, comprenant l'austère grandeur de leur mission, en acceptant d'avance tous les sacrifices et prêtes à trouver leur plus douce récompense dans la satisfaction du devoir accompli, dignes de commander et capables d'obéir, respectées de tous parce qu'elles se respecteraient, telles enfin que nous voulons les femmes à qui nous confions l'espoir du pays, les enfants d'un peuple libre, voilà l'idéal que se proposait Mademoiselle Dominge. Pénétrée des difficultés de son œuvre, elle ne la croyait pas terminée pour avoir rendu les élèves-maîtresses au seuil de la carrière ; elle les suivait avec un soin jaloux après leur sortie de l'école, elle se plaisait à leur continuer ses conseils ; nos jeunes Institutrices lui en étaient reconnaissantes, et j'ai plus d'une fois retrouvé avec émotion, dans leurs entretiens ou dans leur correspondance, la trace de l'affection et de la confiance qu'elles avaient vouées à leur Directrice.

» La pédagogie de Mademoiselle Dominge, nourrie de lecture mais riche surtout de réflexion et d'observation, était une pédagogie vivante, agissante, dont les préceptes semblaient naître des choses mêmes et trouvaient leur confirmation dans la vie de chaque jour. Mademoiselle Dominge savait garder pour elle ce que les études psychologiques ont de trop sec ou de trop abstrait, et n'en donnait aux autres que la fleur, sous forme de conseils ou d'entretiens familiers. Dans ces conférences où la Directrice était en même temps la première des maîtresses, le cœur venait en aide à la science ; elle avait soin de laisser à ses élèves avec le profit de la découverte la joie d'y avoir contribué, et l'autorité de sa parole vive et claire, élégante sans recherche, empruntait à la bonté je ne sais quoi de doux et de pénétrant qui achevait la persuasion.

» Capable de donner un tour ingénieux à sa pensée et de briller par les grâces de l'esprit, elle se préoccupa seulement d'être utile, et l'esprit ne fut chez elle que l'auxiliaire discret du bon sens. Simple dans ses allures, elle était un modèle de la modestie et de la franchise qu'elle exigeait de son personnel. Obstinée dans le bien, douée d'une énergie sereine en harmonie avec la noblesse de sa prestance, elle avait tout ce qu'il faut pour dominer, et pouvant au besoin imposer son autorité par la crainte, elle fut assez douce et assez forte pour ne devoir l'obéissance qu'à l'affection et au respect.

» Profondément attachée à l'École Normale de Montpellier par le bien même qu'elle y faisait, elle en parlait comme on parle de la maison où l'on est né et où l'on doit mourir. Je me rappelle qu'un jour, discutant devant un délégué de l'Autorité supérieure un projet de restauration qu'elle avait rêvé pour sa chère école, elle combattait pour ses plans avec la même conviction et la même ardeur que si le toit qu'il s'agissait de construire avait dû abriter sa vieillesse.

» Toutes ces qualités la désignaient pour un poste plus élevé. Déjà l'année dernière M. le Ministre lui avait donné une éclatante marque de son estime en l'appelant au sein du jury chargé d'examiner les aspirantes au professorat des Écoles Normales ; nous pensions bien alors que Paris ne tarderait pas à nous la reprendre et cette fois pour toujours ; mais nos regrets étaient d'avance adoucis par l'espoir que là-bas elle trouverait la récompense de son mérite... Hélas ! nous la voyons partir, et sans cette consolation ! Un coup inattendu nous l'arrache entre les bras de ses maîtresses éplorées ; c'est au sortir d'une conférence à ses élèves qu'elle est tombée, il y a dix jours à peine, frappée en vaillante, sur la brèche, pour ne plus se relever. Son passage dans l'Hérault a été pour nous trop rapide, mais elle y aura imprimé pour longtemps la trace de ses bienfaits, puisque cinq générations d'institutrices, sorties de ses mains, ont pu porter l'esprit de ses leçons dans nos écoles primaires. Vous qui partagiez ses travaux et l'honneur de ses succès, professeurs et maîtresses de l'École Normale, vous qui compreniez si bien sa pensée et qu'elle anima de son souffle, sa tradition restera, j'en suis sûr, vivante parmi vous. Il me semble encore la voir errer au milieu de vous, cette

chère Directrice : elle se penche vers ses compagnes de
travail, elle vous encourage de son regard si franc , si
bienveillant, elle sourit à vos efforts , elle vous recom-
mande ces jeunes élèves-maîtresses qu'elle a dû , hélas!
laisser à moitié chemin. Unies dans un pieux souvenir,
vous continuerez son œuvre ; c'est le meilleur hommage à
rendre à sa mémoire et le plus grand service à rendre au
pays. »

M. Dauriac, professeur à la Faculté des Lettres,
chargé de conférences pédagogiques aux élèves
des deux Écoles Normales, a ensuite prononcé le
discours suivant :

« Au nom de l'Université, des professeurs, des élèves-
maîtresses de l'École Normale d'Institutrices de Montpellier, je viens dire le suprême adieu à celle qui, pendant
sa trop courte carrière, n'eut d'autre souci que de bien
remplir sa tâche.

» Mademoiselle Dominge avait l'instruction étendue et
variée, l'esprit ouvert, le jugement droit, la volonté ferme et
la bonté intelligente : elle savait réprimander l'erreur com-
mise et faire naître presque en même temps la résolution
de n'y plus retomber. Elle avait la mémoire du cœur, et
quand une élève quittait l'école, elle continuait de la suivre
et de lui faciliter par de sages exhortations les premiers
essais dans les fonctions délicates de l'enseignement primaire. Prodigue de son affection , elle exigeait que l'on
s'en montrât digne ; car, si elle ouvrait son cœur à
toutes, c'était moins pour les joies fécondes dont l'âme
s'emplit quand elle se donne, que pour les résultats bien-
faisants qu'elle savait devoir obtenir de sa sympathie
éclairée. Elle excellait à déconcerter l'ingratitude, et
n'ayant jamais eu lieu de s'en plaindre , elle s'imagi-

naît volontiers que la reconnaissance suit le bienfait aussi naturellement que l'effet suit la cause. Elle était donc, invinciblement, optimiste ; jamais sur sa physionomie ou dans les mots de sa conversation la moindre trace d'humeur inquiète ou de découragement passager. Elle vivait pour l'action ; elle est morte dans l'action, emportée par un mal dont, il y a cinq jours à peine, on ne pouvait soupçonner la présence, encore moins la gravité.

» Les regrets causés par cette disparition soudaine sont unanimes. Tous ceux qui connaissaient Mademoiselle Dominge, rendaient hommage à sa distinction d'esprit ; ceux qui ne la connaissaient que pour avoir entendu parler d'elle, ceux-là aussi unissent leurs regrets aux nôtres, car ils savent qu'en la perdant l'Université fait une perte sérieuse.

» Vous qui n'entendrez plus sa voix, ni pour enseigner ni pour conseiller, vous dont elle surveillait le travail, dont elle dirigeait l'esprit et le caractère, vous, sa famille d'adoption, élèves-maîtresses de l'École Normale, gardez de celle dont vous menez le deuil et à qui sont bien dus les pleurs que vous versez, un souvenir efficace. Rappelez-vous sa droiture d'âme, sa simplicité dans l'accomplissement du devoir. Dites-vous que tout ne doit point mourir avec ceux que nous accompagnons au seuil de la tombe ; sans parler de cette vie d'outre terre que les âmes religieuses n'ont pas désaccoutumé d'espérer, il est, pour eux, une sorte de survivance terrestre que la perpétuité du souvenir leur confère, que l'intensité de l'affection leur assure. Dites-vous, enfin, que la plus grande marque de piété envers ceux que l'on regrette est l'obéissance à leur volonté.

» La volonté de votre chère Directrice vous avait pour unique objet, vous, votre zèle au travail, votre docilité, votre libre soumission aux lois de la vie. Que sa volonté soit faite ! »